Heiner Geißler

Glaube und Gerechtigkeit

Ignatianische Impulse
Herausgegeben von Stefan Kiechle SJ und Willi Lambert SJ,
Band 4

Ignatianische Impulse gründen in der Spiritualität des Ignatius von Loyola. Diese wird heute von vielen Menschen neu entdeckt.

Ignatianische Impulse greifen aktuelle und existentielle Fragen wie auch umstrittene Themen auf. Weltoffen und konkret, lebensnah und nach vorne gerichtet, gut lesbar und persönlich anregend sprechen sie suchende Menschen an und helfen ihnen, das alltägliche Leben spirituell zu deuten und zu gestalten.

Ignatianische Impulse werden begleitet durch den Jesuitenorden, der von Ignatius gegründet wurde. Ihre Themen orientieren sich an dem, was Jesuiten heute als ihre Leitlinien gewählt haben: Christlicher Glaube – soziale Gerechtigkeit – interreligiöser Dialog – moderne Kultur.

Heiner Geißler

Glaube und Gerechtigkeit

echter

Bibliografische Information der Deutschen Bibliothek
Die Deutsche Bibliothek verzeichnet diese Publikation in der Deutschen Nationalbibliografie; detaillierte bibliografische Daten sind im Internet über <http://dnb.ddb.de> abrufbar.

www.echter-verlag.de
Umschlag: Roberto Meraner
Druck und Bindung: Clausen & Bosse GmbH, Leck
ISBN 3-429-02603-2

Inhalt

1. Ignatius der Reformer

Die Jesuiten, oft und fälschlich im öffentlichen Geschichtsbewusstsein mit der Inquisition in Verbindung gebracht, wurden von einem Mann begründet, der selbst acht Prozesse dieser Ketzerverfolgungsbehörde über sich ergehen lassen musste: Ignatius von Loyola (1491 bis 1556). Bevor Ignatius im Jahr 1540 die »Gesellschaft Jesu« – so nennt sich offiziell der Jesuitenorden – gründen konnte, verfolgte ihn die Inquisition immer wieder, vor allem wegen seines Buches der »Geistlichen Übungen« (Exerzitien). Er landete mehrfach im Gefängnis, wurde aber jeweils, teilweise gegen Auflagen, freigesprochen.

Am 15. März 1545 informierte Ignatius João III., den König von Portugal, in einem Brief über die Geschichte seiner Prozesse, Verdächtigungen und Inhaftierungen. Er schreibt in aller Offenheit: »Als ich von Jerusalem zurückkehrte« – Ignatius hatte eine Pilgerfahrt dorthin unternommen und wollte ursprünglich im Heiligen Land bleiben –, »wurde ich in Alcalá de Henares ... gefangengenommen und 42 Tage lang eingekerkert. In Salamanca tat man es noch einmal: Ich wurde nicht nur eingekerkert, sondern in Ketten gelegt; und dort war ich 22 Tage. In Paris, wo ich das Studium fortsetzte, tat man es noch einmal. Und in allen diesen fünf Prozessen und zwei Gefangenschaften wollte ich durch Gottes Gnade nie einen anderen Beauftragten oder Prokurator oder Anwalt nehmen und habe auch keinen genommen als Gott, auf den ich die ganze gegenwärtige und künftige Hoffnung mittels seiner göttlichen Gnade und Gunst gesetzt habe. Nach dem Prozess von Paris machte man nach sieben Jahren in der Universität selbst einen weiteren; in Venedig einen weiteren; in Rom den letzten gegen die ganze Gesellschaft. Bei diesen letzten drei haben wir uns darum bemüht, dass die Gerechtigkeit Raum habe. ... In allen diesen acht Prozessen wurde ich allein durch die göttliche Gnade und Barmherzigkeit, nie wegen eines einzigen Satzes oder auch nur wegen irgend einer Silbe verurteilt. Und erst recht wurde mir weder eine Buße auferlegt noch wurde ich verbannt.«[1]

Ignatius bestreitet in diesem Brief, dass die Untersuchungen stattfanden, weil er sich den Lutheranern, anderen Schismatikern oder den Alumbrados – einer in Spanien verbreiteten spirituellen Sekte – und ihren Theorien angenähert habe. Mit diesen Gruppen habe er nie gesprochen und sie auch nicht kennen gelernt, sondern die Prozesse seien geführt worden, weil die kirchlichen Behörden, vor allem in Spanien, sich darüber wunderten, dass er ohne wissenschaftliche Bildung ausführlich über geistliche Dinge reden und seelsorgerliche Gespräche führen würde – ein Vorwurf, der schon gegen Jesus in ähnlicher Weise erhoben worden war.

Das war natürlich Schönfärberei, denn Ignatius war, so könnte man es ausdrücken, den damaligen konservativen Kreisen in Spanien, in Paris und in Rom ein Dorn im Auge, weil er sich dazu berufen fühlte, wenn nicht alles, so doch wichtige Dinge in der Kirche besser zu machen. Einer seiner ersten Gefährten, sein langjähriger Assistent P. Juan de Polanco, erwähnte in einem Brief, dass die ersten Versuche von Ignatius, die Exerzitien zu geben, in dem Wunsch begründet waren, »einige Gefährten zu finden, die ihn in seinem Vorhaben folgten; denn er hatte den Plan gefasst, die für ihn offenkundigen Missstände im Dienst Gottes zu reformieren; diese Gefährten sollten also gleichsam Fanfare Jesu Christi sein«.

Immer wieder wurde auf die Parallele zu Martin Luther hingewiesen: Im Jahre 1521 wurde Ignatius beim Kampf um Pamplona verwundet, was in ihm die spirituelle Wende auslöste. Im selben Jahr vollzog Martin Luther in Worms die Trennung von der katholischen Kirche. Fast unausrottbar ist die Behauptung, dass Ignatius die Gesellschaft Jesu als Instrument der Gegenreformation gegründet habe, so dass sein eigentliches Ziel die Bekämpfung des Protestantismus gewesen sei. Damit wurde er sozusagen zum Anti-Luther stilisiert.

Aber diese Behauptung hält einer geschichtlichen Überprüfung nicht stand. Ignatius erwähnt in seinen Briefen den Namen Luthers nur selten und den anderer Reformatoren überhaupt nicht. Luthers Tod 1546 wurde von ihm in Rom nicht einmal zur Kenntnis genommen. Natürlich ergab es sich aus der geschichtlichen Entwicklung, dass sich der junge Orden mit den reformatorischen Bewegungen in der Kirche auseinandersetzen musste[2]. Dass die geistliche Arbeit der Jesuiten auf diesem Gebiet sehr wirkungsvoll war, bestätigt der Historiker Josef Lortz, der sich besonders mit der Reformation auseinander setzte. Er misst ihnen sogar das Hauptverdienst an der katholischen Neugestaltung in Deutschland zu. Diese habe jedoch nicht alle Fundamente neu gelegt, sondern die Kraft der Ignatius-Schüler habe sich mit den deutsch-mittelalterlichen Elementen der Frömmigkeit verbunden und sei vor allem deswegen so erfolgreich gewesen, weil die Jesuiten fähige Leute gewesen seien. Er zitiert den Kölner Kartäuser-Prior Kalkbrenner, der die Jesuiten als »Männer, die mit Gottes Geist und Kraft erfüllt, von neuem Mute, neuer Kraft« bezeichnet hatte: »Ihre Worte sind wie sprühende Funken, sie entzünden die Herzen«[3].

Aber die Auseinandersetzung mit der Reformation war nicht das vorrangige Ziel der Gründung und des Wirkens der Jesuiten. Der Jesuitenorden hatte unter anderem auch missionarische Ziele. Als Ignatius seinen Brief an den König von Portugal schrieb, hatte sein berühmter Mitbruder P. Francisco de Xavier am Kap Comorin bereits angefangen, die Perlenfischer zum christlichen Glauben zu führen. Er taufte damals, wie er selbst schrieb, mehr als 10.000 Personen in einem Monat. 1546 hatte er bereits 1740 Meilen auf einer Schiffsreise zurückgelegt, die ihn von den Molukkeninseln bis nach Malakka, Goa (Indien) und Japan geführt hatte. P. Francisco de Xavier starb am 3. Dezember 1552 auf der Insel Sancian, zehn Kilometer vor der Festlandküste Chinas. Er hatte geplant, von dort an die Küste von Kanton zu kommen. Für ihn und seine Mitstreiter waren die Probleme Luthers und der Reformation Lichtjahre weit entfernt.

Ignatius war mit Luther in einem Punkt verbunden, der für beide Männer, die voneinander kaum etwas oder gar nichts wussten, der entscheidende war: Beide wollten die Kirche reformieren. Der eine verwirklichte die Reform innerhalb der alten, der katholischen Kirche, der andere außerhalb, in einer neu entstehenden Kirche.

Während seiner Studienzeit bekam Ignatius Kontakt zu Anhängern des Erasmus von Rotterdam, dessen Ideen die Geister ganz Europas beschäftigten, erhitzten und begeisterten. Sein langjähriger Freund und

Gefährte P. Pedro de Ribadeneira behauptete, bereits in Barcelona sei Ignatius empfohlen worden, das *Enchiridion Militis Christiani*, ein Hauptwerk des Erasmus, zu lesen. In Alcalá, wo Ignatius studierte, waren die Thesen des Erasmus die herrschende Lehre und hatten zahlreiche Anhänger. Ignatius sagte später, er habe diese Lektüre abgelehnt, weil sie »seinen Geist erkalten ließ«. Dennoch ließ er sich von den Gedanken des Erasmus von Rotterdam beeinflussen; in seinem Exerzitienbuch gibt es Hinweise darauf.

Von seinem Ursprung und von seinen wesentlichen Idealen her verstand sich Ignatius als Reformer. Seine Umgebung nahm ihn so auch wahr, was die zahlreichen Inquisitionsprozesse gegen ihn erklärt. Schon 1536, als die Gruppe der ersten Gefährten von Paris nach Venedig reiste, sagte ein Mitreisender, der zufällig zu ihnen gestoßen und einige Zeit bei ihnen geblieben war: »Sie reisen, um irgend ein Land zu reformieren«. Im römischen Prozess des Jahres 1538 wurden die Jesuiten als »reformierte Priester« bezeichnet.

Ein wichtiger inhaltlicher Grund für die Unstimmigkeiten, die Ignatius mit Kardinal Carafa, dem späteren Papst Paul IV. hatte, bestand darin, dass nach Auffassung von Ignatius der Theatiner-Orden, den Carafa gegründet hatte, reformunfähig gewesen sei. Es gibt einen handgeschriebenen Brief an Carafa – man weiß nicht, ob er abgeschickt wurde –, in dem Ignatius darlegt, dass das Verhalten der Theatiner im Gegensatz zu seinen Ideen stehe. Er plane ein Leben in Armut und trete für apostolischen Einsatz, Werke der Barmherzigkeit und aktive Liebestätigkeit der Gläubigen ein, während die Theatiner keine Almosen erbaten und alles von spontanen Angeboten erwarteten; sie hielten sich in ihre Häuser eingeschlossen, ohne zum Predigen auszugehen, und sie übten keine »leiblichen Werke der Barmherzigkeit« – heute würde man das als soziale Hilfe bezeichnen[4].

Ignatius vertrat in der Auseinandersetzung mit den Protestanten die These, dass Taten mehr bewirken als Worte. Und es sei viel wirkungsvoller, die Wahrheit *in spiritu lenitatis* (im Geiste der Sanftmut) zu predigen, als sich den Andersdenkenden direkt entgegen zu stellen und ihre Lehren zu widerlegen. Das persönliche Gespräch und die Exerzitien seien von vorrangiger Bedeutung. Der selig gesprochene P. Peter Faber, in der Anfangszeit der wichtigste Jesuit in Deutschland, schrieb diesen Methoden den größten Teil des Erfolgs in Deutschland zu. Andere Jesuiten stimmten mit ihm überein.

In einem Brief an die Jesuiten in Ingolstadt schrieb Ignatius: »In einer solchen Weise zu predigen, Vorlesungen zu halten, in der christlichen Lehre zu unterweisen, diese zu beweisen und zu bestätigen ..., wird friedlicher sein als viel Lärm zu machen, wenn man die Häretiker verfolgt; sie werden höchstens verhärtet, wenn man direkt gegen sie predigt«. Alles habe mit Bescheidenheit und christlicher Liebe zu geschehen. Man dürfe nichts Beleidigendes sagen und Andersgläubige nicht verachten. Man solle auch nicht direkt die Irrtümer angreifen, sondern positiv die katholische Lehre darstellen, so dass sich die Falschheit der anderen von allein ergäbe.

P. Peter Faber legte in ähnlicher Weise in acht Punkten 1546 dem Stellvertreter von Ignatius, P. Hieronimo Laínez, ein Programm vor. Und auch hier war der erste Rat, den Andersdenkenden in Nächstenliebe zu begegnen und sie in Wahrheit zu lieben; Streitigkeiten mit ihnen sollte man aus dem Wege gehen und statt dessen ihr Herz bewegen. Gute Werte sollten dargestellt werden. Dem an den Hof des künftigen Kaisers Ferdinand I. als Nuntius berufenen Zaccaria Delfino empfahl er, die Obrigkeit müsse unter den Geistlichen das gute Beispiel fördern. Vor allem müsse jede Art von Habgier vermieden werden, da sie großen Schaden verursacht habe und Gelegenheit biete, dem apostolischen Stuhl zu misstrauen.

Ignatius lebte in einer Periode des Umbruchs, wie sie in der Geschichte der Menschheit nur selten vorkam. Man kann sie wohl nur mit der Zeit 300 Jahre später vergleichen, als die industrielle Revolution begann und die Agrargesellschaft und der Feudalismus durch die moderne Industriegesellschaft und die zunehmende Liberalisierung und Demokratisierung von Politik und Gesellschaft abgelöst wurden. Auch mit der heutigen Zeit ist sie vergleichbar. Nach dem Niedergang des Nationalsozialismus und ebenso des Kommunismus entsteht global eine neue Ideologie: der religiöse Fundamentalismus, der in seiner Aggressivität durch die wohl radikalste Veränderung von Wirtschaft und Gesellschaft gestärkt wird, welche die Menschheit bisher erlebt hat, nämlich durch die technologische Revolution und die damit verbundene Globalisierung von Ökonomie und Kultur.

In der Zeit des Ignatius war die Neue Welt entdeckt worden. Das ptolemäische Denken und das theozentrische Weltbild gerieten ins Wanken, und Europa war durch das islamische türkisch-osmanische Reich unmittelbar bedroht. Die Erfindung des Buchdrucks hatte ähnlich revolutionäre Folgen wie heute die Entwicklung der Computer und des Internets. Die europäischen Mächte waren in schwere Kriege verwickelt, und die Autorität des Kaisers des Heiligen Römischen Reiches Deutscher Nation war angeschlagen und wurde vor allem von Frankreich und England bestritten. Die Kirche und ihre Führer – Päpste, Bischöfe, Würdenträger – befanden sich zum großen Teil in einer geistigen und moralischen Krise. Das Papsttum hatte eine Periode tiefsten moralischen Zerfalls noch kaum zu überwinden angefangen. Politik und Religion waren so miteinander verwoben, dass die Kirche zum Staat und der Staat zur Kirche wurde. Die Klöster zerfielen, und schon damals wurde den Priestern durch den Zölibat eine Last aufgelegt, die nur die Wenigsten tragen konnten, so dass sich in den Augen der Bevölkerung der »Sittenverfall« auch unter einfachen Priestern rasch verbreitete. Der immense Geldbedarf der Mächtigen führte zur Ausbeutung der kleinen Leute. Vielerorts erhoben sich die Bauern, weil sie den Frondienst nicht mehr zu tragen fähig und willig waren. Krankheiten und früher Tod nahmen zu, und mittels des Ablasshandels wurde sogar mit Sünden und deren Nachlass erhebliches Geld gemacht und in die Kassen der Kirchen gespült.

Ignatius wollte den Menschen von innen her erneuern und sah dies als seine Hauptaufgabe an. Er überwand in seinen »Geistlichen Übungen«[5] (Exerzitien) den »alten Menschen« und ließ einen neuen erstehen. Habgier, Hochmut und Egoismus sind für ihn die größten Hindernisse auf dem Weg zum neuen Menschen, der in und durch Exerzitien wachsen soll.

Schon während seiner Studienzeit zog Ignatius gegen den Verfall der öffentlichen Moral zu Feld. Als er seine Familie in seiner baskischen Heimat besuchte, lehnte er es ab, im elterlichen Schloss zu wohnen, obwohl man ihn dazu drängte. Er erbettelte sich, wie er es gewohnt war, seinen Lebensunterhalt von Tür zu Tür und gab Almosen an die Armen des örtlichen Spitals weiter. Er führte ein einfaches und asketisches Leben, indem er auf dem Boden schlief und ein Bußhemd trug. Er bemühte sich, so wird bei seinem Seligsprechungsprozess im Jahre 1595 berichtet, um die Aussöhnung Verfeindeter. Er brachte zerstrittene Ehen in Ordnung und überredete unverheiratete Paare zur Heirat. Er wollte in seiner Heimatstadt schon damals eine Art Sozialfürsorge einführen, ein Armenwerk, um dadurch das Betteln unnötig zu machen. Als die ersten Gefährten mit Ignatius auf dem Montmartre in Paris am 15. August 1534 ein Gelübde ablegten, entschieden sie sich dafür, sich für das Wohl der Nächsten in einem Leben in strenger Armut einzusetzen und auf diese Weise ihrem Vorbild Jesus nachzufolgen.

Im *Examen Generale*, einem Text, den Ignatius zwischen 1546 und 1547 abschloss, legte er im vierten Kapitel die Bedingungen für die Aufnahme in die Gesellschaft Jesu fest. Diese bestehen vor allem darin, dass die Kandidaten »ihre sämtlichen zeitlichen Güter, die sie besessen haben, verteilen müssen und auch jenen absagen und über sie verfügen müssen, die ihnen noch zufallen könnten«. Er beruft sich ausdrücklich auf den Rat, den Jesus im Evangelium einem reichen Mann gibt: »Verkauf alles, was du hast, verteil das Geld an die Armen ..., dann komm und folge mir nach« (Lk 18,22). »Essen und trinken, Kleidung, Schuhwerk und Schlafgelegenheit ... werden so sein, wie es Armen eigen ist.« Ignatius erinnert ausdrücklich an das Beispiel der Jesuiten der ersten Generation.

Die Demut, die er verlangt, ist nicht unterwürfig, sondern er definiert Demut als Wahrhaftigkeit gegen sich selbst. Diejenigen, die der »Welt« folgen, also Ehre, Ruhm und Hochachtung der Menschen lieben und suchen, haben im Jesuitenorden nichts verloren.

2. Eine neue Reformation?

Am 23. Mai 1555, dem Festtag der Himmelfahrt Christi, wurde Kardinal Gianpietro Carafa zum Papst gewählt, jener Mann, dem Ignatius schon in Venedig einen Brief wegen des von ihm gegründeten Theatiner-Ordens schreiben wollte. Carafa war ein ausgewiesener Gegner der Jesuiten. P. Luis Gonçalvez da Câmara, dem Ignatius später sein Leben erzählte, berichtete, dass er sich gerade bei Ignatius aufgehalten habe, als man die Glocken hörte, welche die Wahl des neuen Papstes verkündeten. Als Ignatius die Nachricht erhielt, dass der »Theatiner-Kardinal« gewählt worden sei, sah der »Vater ganz verändert und erregt aus«, und es »zitterten ihm alle Knochen im Leibe«. Ignatius ging kurze Zeit zum Gebet in die Kapelle und kam dann friedlich und fröhlich zurück, als ob nichts passiert wäre.

Der neue Papst hatte Schlimmes vor. Er wollte den Theatiner-Orden und die Gesellschaft Jesu zusammenlegen. Solange Ignatius lebte, wagte der Papst allerdings keine Änderungen. Eine der großen neuen Ideen des Jesuitenordens war, Gebet und seelsorgerlichen Dienst miteinander zu verbinden. Der Jesuit sollte das Ideal des *contemplativus in actione* (im Tun beschaulich) leben; P. Jerónimo Nadal, ein weiterer Mitarbeiter des Ignatius, drückte dies so aus: Der Jesuit sollte »Gott *in allen Dingen* suchen«, also auch in der Aktion. Dies bedeutete einen Bruch mit dem mittelalterlichen Ordensideal und führte dazu, dass die Jesuiten kein gemeinsames Chorgebet hatten. Vielen war dies ein Dorn im Auge, und so beabsichtigte der neue

Papst, den Jesuiten das Chorgebet vorzuschreiben. Wenn aber die Jesuiten verpflichtet werden sollten, bis zu sechs Mal täglich in der Kirche Psalmen zu singen und Gebete zu rezitieren, wäre die neue Konzeption schon gescheitert gewesen. Kaum war Ignatius tot, griff der Papst ein und zitierte den Nachfolger von Ignatius, P. Diego Laínez, und dessen Stellvertreter, P. Alonso de Salmeron, zu sich. In der Audienz nannte er die Jesuiten Rebellen und warf ihnen vor, sie würden Häretiker unterstützen. Das Chorgebet, das »göttliche Officium«, sei von göttlichem Recht und daher unabdingbar für das Ordensleben. Er griff die beiden Jesuiten scharf an und rief: »Wehe euch, wenn ihr es nicht betet«. Nach anderen schweren Vorwürfen fügte er hinzu: »Verflucht sei das Studium, für das das göttliche Officium unterlassen wird.«
Nun wäre es vielleicht besser gewesen, wenn die Kirche ihren aktiven Repräsentanten, den Priestern und Ordensleuten, mehr das Studium und weniger das Singen von Gebeten empfohlen hätte. Kapitale Irrtümer vor allem auf dem Gebiet der Naturwissenschaften, wie sie etwa der Fall Galilei zeigt, wären ihr erspart geblieben, wobei man zugeben muss, dass unter den Mitgliedern der Glaubenskongregation, die Galilei zum Tod auf dem Scheiterhaufen verurteilten, auch ein Jesuit war, einer unter vielen, nämlich Kardinal Robert Bellarmin, der später als Kirchenlehrer heilig gesprochen wurde. Dass ein Jesuit überhaupt Mitglied der Glaubenskongregation war, verstieß gegen den Geist des Ignatius, der nicht umsonst seinen Mitgliedern verboten hatte, Bischofsämter oder andere kirchliche Würden anzunehmen, es sei denn auf ausdrücklichen Befehl des Papstes. Ignatius wollte nicht, dass die Jesuiten zur kirchlichen Hierarchie gehörten, ge-

nauso wie Jesus es abgelehnt hatte, sich in die damalige Welt der Schriftgelehrten und geistlichen Würdenträger zu integrieren, sondern auf der Seite des Volkes blieb. Nach dem Tod dieses konservativen Papstes ein Jahr später wurden die Jesuiten vom Chorgebet wieder befreit und konnten, da ein mündlicher Befehl des Papstes nach seinem Tod keine Geltung mehr hat, zur ursprünglichen Praxis zurückkehren.

Diese Geschichte steht beispielhaft für den grundsätzlichen Konflikt, in dem sich die Kirche befindet, nämlich der Spannung zwischen einem Beharren an Hergebrachtem und der notwendigen Erneuerung. Während im 16. Jahrhundert die katholische Kirche, und zwar mit maßgeblicher Hilfe der Jesuiten, die Kraft fand, sich von innen her zu erneuern, fand sie 300 Jahre später auf die entscheidende Frage jener Zeit, nämlich die soziale Herausforderung, keine oder nur unzulängliche Antworten. Nachdem im Jahre 1773 auf Druck der Bourbonenkönige, die ihre Machtausübung in Lateinamerika und in Indien durch die Missionstätigkeit der Jesuiten empfindlich gestört sahen, der Orden aufgehoben worden war, verlor die Kirche nicht nur ihren stärksten Missionsorden, sondern auch die geistige Kraft, den heraufziehenden Problemen der Industrialisierung angemessen zu begegnen.

Das damalige Versagen der Kirche wirft einen Schatten bis in die heutige Zeit. Papst Johannes Paul II. ist mit seiner fundierten Kritik am globalen Kapitalismus und der daraus resultierenden sozialen Ungerechtigkeit vielen christlich demokratischen, konservativen, aber auch vielen sozialdemokratischen und erst recht liberalen Parteien und Gruppen voraus, zum großen Teil allerdings auch seinen eigenen Bischöfen. Aber in der vatikanischen Personalpolitik begünstigt er die Ernennung konservativer und ultrakonservativer Bischöfe, was in Österreich und in der Schweiz fast zur Kirchenspaltung geführt hätte. Auch griff er 1981 in demütigender Weise in die Leitung des Jesuitenordens ein und oktroyierte ihm für zwei Jahre einen Administrator. Ebenso verweigerte er über lange Zeit dem Vorsitzenden der Deutschen Bischofskonferenz, dem Mainzer Bischof Karl Lehmann, einem bedeutenden Theologen mit modernen Ansichten, die Kardinalswürde, weil Lehmann für die Beibehaltung der kirchlichen Schwangerschaftskonfliktberatung in Deutschland eingetreten war.

Ein vorläufiger Schlusspunkt dieser rückwärtsgewandten geistlichen Führung war die Seligsprechung von Papst Pius IX. Auch für diesen Papst hatte offensichtlich die Devise gegolten, das Chorgebet sei wichtiger als das Studium. Er bekämpfte Mitte des 19. Jahrhunderts vor allem die Aufklärung und stellte den sogenannten *Syllabus* zusammen, ein Dokument, das die »modernistischen Irrtümer« verurteilte, zum Beispiel die Forderung nach Pressefreiheit. Der *Syllabus* entstand in dem Jahr, in dem Karl Marx und Friedrich Engels als Antwort auf die soziale Frage das kommunistische Manifest veröffentlichten. Zwar schrieb Papst Leo XIII. im Jahre 1890 die Enzyklika *Rerum Novarum* als Antwort der katholischen Kirche auf die soziale Frage, aber sie kam 42 Jahre zu spät. Das kommunistische Manifest hatte eine weltweite explosive Wirkung, weil die damals Verantwortlichen, die Unternehmer, aber auch Politiker wie zum Beispiel Metternich, ebenso die Fürsten, Könige, Bischöfe, Kirchenpräsidenten und der Papst die soziale Frage im Kern überhaupt nicht verstanden hatten. Es dauerte 140 Jahre, bis 1989, bis »das Gespenst des Kommunismus« – nicht ohne Mitwirkung des polnischen Papstes Johannes Paul II. – wieder verschwunden war. Es stellt sich heute die Frage, ob die katholische Kirche und ihre geistlichen Führer zu jenen Zeitgenossen gehören wollen, die Fehler immer zwei oder drei Mal begehen, um sie besonders gut zu beherrschen.

Richtig ist, dass Papst Johannes Paul II. sich intensiv mit den Folgen des globalen Kapitalismus auseinander setzte. Allerdings bekam die Meinung des Papstes zu diesem Punkt nicht die notwendige Durchschlagskraft in der Öffentlichkeit, weil die katholische Kirche sich gleichzeitig mit Fragen beschäftigte, die die Menschen zu Recht als abseitig und überholt betrachten.

Wir sind die Zeugen von Umbrüchen, wie sie die Menschheit in früheren Zeiten nur selten erlebt hat: Massenvertreibungen, Ökokatastrophen, milliardenfache Armut auf der Erde verknüpfen sich mit zunehmendem internationalen Terrorismus und den immer gewalttätigeren Ansprüchen des islamischen Fundamentalismus. Globale Konflikte verschränken sich mit lokalen Problemen, die Klimakatastrophe rückt näher, und die Vorboten der neuen weltweiten Völkerwanderung klopfen bereits an die Türen unserer Sozialämter. Unsere Wirtschafts- und Arbeitswelt hat sich durch den Computer radikal verändert, die Halbwertzeit des Wissens beträgt noch fünf Jahre, im Internet sind gigantische Datensysteme zusammengefasst: 450 Millionen Webseiten und täglich 22 Millionen Zeitungsseiten. Diese neue Welt verlangt von den Menschen in einem bisher nicht gekannten Maß Mobilität, Flexibilität und lebenslanges Lernen, und sie setzt sie einer ungewissen, bisweilen bedrohlich erscheinenden Zukunft aus.

Heute reagiert die Kirche nicht mehr so stumpfsinnig

wie vor 150 Jahren, zur Zeit von Pius IX. Aber ihr Verhältnis zur modernen Welt ist noch immer ambivalent. Der Papst hat Kompetenz und Glaubwürdigkeit durch seine Kritik am globalen Kapitalismus gewonnen, aber auch durch seine begründete Ablehnung des Irak-Krieges. An diesem Beispiel kann man erkennen, dass die Kirche die Zustimmung breiter Massen bekommen kann, wenn sie die wirklichen Probleme der Menschen anspricht, sie artikuliert und sie klar und eindeutig, auch gegen Widerstände, beantwortet.

Die Kirche benötigt heute, genau wie vor 400 Jahren, eine geistige Erneuerung. Dies bedeutet vor allem eine Konzentration des Apostolats auf das Wesentliche. Der Papst weist den richtigen Weg und hätte die Chance, als der große geistige Führer dieses und des letzten Jahrhunderts in die Geschichte einzugehen, wenn er sich nicht immer wieder durch ultrakonservative eigene Verlautbarungen oder durch die seiner Glaubenskongregation konterkarieren würde. Was er mit der einen Hand aufbaut, reißt er mit der anderen ab.

Angesichts dieser Widersprüche und der politischen und sozialen Herausforderungen der heutigen Zeit benötigt die katholische Kirche wie vor 450 Jahren einen Reformer vom Format des Ignatius von Loyola. Die Kirche und ihre Führung müssen wieder den Kern des Evangeliums zum Leuchten bringen. Und dieser Kern ist die Gottes- und Nächstenliebe.

3. Denn der Name ist Programm

Mit ihrem Namen bringen die Jesuiten das zum Ausdruck, was die Kirche heute am nötigsten hat, nämlich die Rückbesinnung auf die Hauptperson unserer Religion: eine Renaissance des Evangeliums, d.h. der Botschaft, die Jesus gelebt und verkündet hat. Die Jesuiten müssten die Frage stellen: Was würde Jesus heute sagen? Aufgrund eines Urteils des Bundesverfassungsgerichts gab es in Deutschland vor einigen Jahren eine große Debatte über die Kruzifixe in den Schulzimmern. Ich möchte mich über die staatskirchenrechtliche Dimension dieser Frage nicht äußern. Von mir aus können gar nicht genug Kreuze auf Bergen stehen oder in Zimmern hängen. Vor allem wäre gut, wenn in den Ausländerämtern, wo man über die Frage zu entscheiden hat, ob traumatisierte Folteropfer wieder zurückgeschickt werden sollen, dieses Kreuz mit dem angenagelten jungen Mann hängen würde, der wegen seiner Botschaft und seiner Ideale stundenlang systematisch zu Tode gefoltert wurde. Aber die Frage, ob wir eine christliche Gesellschaft haben, kann nicht davon abhängig gemacht werden, ob Kreuze in den Schulzimmern hängen. Die Frage müsste anders lauten: Was würde derjenige, der am Kreuze hing, sagen, wenn er heute da wäre? Wie würde er Stellung nehmen? Auf diese Fragen zu antworten ist Aufgabe der Jesuiten. Nach einer alten, sprachlich nicht korrekten, aber volkstümlichen Deutung lautet ihr lateinischer Name *Jesu ita*, deutsch: »so wie Jesus«. Jesuiten dürfen sich daher von theologischen Pseudodiskussionen nicht ablenken lassen, sondern sollten, so wie es die Väter des Ordens ursprünglich gedacht und auch getan haben, mit ihrem Beispiel die Menschen für Jesus gewinnen. P. Diego Laínez, Mitbegründer der Gesellschaft Jesu und zweiter Generaloberer, hat nach dem Tod des Ignatius an die Mitglieder des Ordens folgendes geschrieben: »Die Lebensweise der Gesellschaft ist verschieden von derjenigen anderer Ordensfamilien. Es gibt, so pflegte unser Vater Ignatius zu sagen, zwei Weisen, dem Nächsten zu helfen. Die erste Weise ist die asketische, da der Mensch sich leicht beeindruckt fühlt von harten Dingen wie zum Beispiel grober Kleidung, Geißelungen und Fasten. Und das ist auch gut so. Die zweite Weise aber besteht in der Liebe zum Nächten. Für die erste Weise ist das Vorbild der heilige Johannes der Täufer. Für die zweite Weise unser Erlöser selbst. Der heilige Johannes hatte ein äußeres Auftreten von großer Heiligkeit. Christus aber lebte ein gewöhnliches Leben«[6]. Man könnte auch sagen, Jesus war einer von uns.

Jesus hat die Menschen nicht nur mit seiner begeisternden Botschaft, sondern als Mensch überzeugt. Er war als Person identisch mit dem, was er sagte. Er handelte so, wie er redete. Bei ihm gab es eine Einheit von Handeln, Reden und Leben.

So wie Jesus zu werden, war und ist das Anliegen der ignatianischen Exerzitien. In gewisser Weise teilten die Jesuiten Jesu Schicksal: Sie wurden von Anfang an von denen abgelehnt, die genau diese Identität von Handeln, Reden und Leben nicht wollten, sondern im Gegenteil die Leute verdummten, indem sie den Menschen alles Mögliche empfahlen, aber für sich selbst etwas anderes in Anspruch nahmen. Ignatius erkannte die Chance, die in der Person Jesu liegt: Die Zeitgenossen konnten Jesus glauben, weil er einer der ihren war. Um ihn herum und mit ihm lebten Handwerker, Fischer, Soldaten, Zöllner, Dirnen, also einfache Leute aus den unteren Schichten. Diese spielen im Evangelium eine herausragende Rolle. Dazu kamen die Armen und die Kranken, um die er sich besonders kümmerte. Reiche Leute kommen im Evangelium weniger gut weg – P. Juan de Polanco unterstrich dies in seinem berühmten Brief an die Jesuiten in Padua[7]. Bis heute tun sich alle, die wegen ihres Geschlechts unterdrückt, wegen ihrer Rasse oder ihrer Zugehörigkeit zu einem Volk diskriminiert, gefoltert und getötet werden, die in Armut oder in Sklaverei leben, die ohne Arbeit sind, mit Jesus leicht. Sie merken, dass er einer von ihnen ist und leben musste wie sie.

Die Vision von La Storta war im Jahr 1539 für Ignatius ein wichtiges Ereignis auf dem Weg nach Rom. La Storta liegt bei Isola Farnese an der Via Cassia, die von Siena nach Rom führt. Ignatius hatte nach eigenen Angaben schon früher mystische Erlebnisse. Als er nun in der Kapelle von La Storta betete, fühlte er plötzlich in seiner Seele eine vollkommene Umwandlung und sah, wie Gottvater ihn zu seinem Sohn Jesus führte, der auf seinen Schultern das Kreuz trug. Gott selbst bewirkte diese mystische Verbindung mit Jesus, der zu Ignatius sagte: »Ich will, dass du uns dienst«. Nimmt man das mystische Erleben als wirklich an, bedeutet dies eine göttliche Bestätigung der Konzeption des Jesuitenordens, nämlich Jesus radikal nachzufolgen und in den Menschen ihm zu dienen[8]. Die unverfälschte Botschaft des Evangeliums muss das Programm der Jesuiten sein. Was Ignatius in den Exerzitien von seinen Schülerinnen und Schülern verlangte, war identisch mit dem, was Jesus von Anfang an in Galiläa gepredigt hat.

Als Jesus hörte, dass Johannes der Täufer im Gefängnis war, begann er seine Reden mit einem einzigen Wort und rief den Menschen, die in großen Scharen zu ihm kamen, zu: »*metanoeite*« (Mt 4,17). Dieses Wort wurde später falsch übersetzt und interpretiert. Die evangelischen Christen beschäftigen sich mit diesem Satz am Buß- und Bettag, die katholischen Christen am Aschermittwoch, wenn den Leuten gesagt wird: »Tut Buße«. In Wirklichkeit heißt *metanoeite* »umdenken«, »anders denken« – als das, was alle denken. Der Kirchenvater Hieronymus hat dieses griechische *metanoeite* in seiner lateinischen Bibel, der *Vulgata*, mit *pœnitentiam agite* übersetzt, woraus bei Luther konsequent der Satz »Tut Buße« wurde.

Durch diese Übersetzung sind Generationen von Christen aufs falsche Gleis gesetzt worden, als ob die Buße für die Sünden die zentrale Botschaft des Evangeliums sei.

4. Die Bergpredigt und die Exerzitien

»Als sie seine Worte hörten, gerieten die Scharen außer sich«, berichtet der Evangelist Matthäus (Mt 7,28). Was hat die Menschen so begeistert, fast verrückt gemacht? Was hatte Jesus ihnen gesagt? Die Sache mit der Buße konnte es nicht gewesen sein, denn das hatten sie bei jeder Gelegenheit schon von früheren Propheten gehört, und es war auch der Inhalt der meisten Predigten, die sie im Tempel zu Jerusalem über sich ergehen lassen mussten. Was war der Inhalt des *Euangelion* (Evangelium), so nannten es seine Anhänger, wörtlich übersetzt, also der guten Nachricht, der frohen Botschaft? Die Evangelisten berichten, dass die so genannte Bergpredigt (Mt 5–7) der Auslöser für die Begeisterung der Zuhörer war. Es war eine Rede, die alles, was bis dahin in Staat und Gesellschaft galt, auf den Kopf stellte und das Zusammenleben der Menschen radikal neu ordnete. Sie war für die Zeitgenossen ein unfasslicher Skandal. In anderen Worten sagen die Seligpreisungen: Euer Glück und eure Würde sind unantastbar, denn sie sind in Gott verankert (»Selig sind ...«). Nicht der ist ein glücklicher und guter Mensch, der Ansehen genießt, seine Trauer wegdrängt, stärker ist als andere, Geld besitzt, Macht ausübt, über Rang und Titel verfügt, für seine Ziele über Leichen geht ..., sondern gerade das Umgekehrte ist richtig.
Ignatius von Loyola traf in seinen Exerzitien diesen entscheidenden Punkt genau: Jesus nachfolgen in der Armut, in der Verfolgung, in der Ablehnung von Macht und Ehre. Ignatius zielte auf die Gier, die uns dazu drängt, Reichtümern nachzujagen, sie festzuhal-

ten und mit allen möglichen Mitteln zu verteidigen; und auf die Sucht, die uns antreibt, mehr zu gelten als andere, größeres Ansehen, mehr Macht, einen höheren Rang zu haben, sich also zu freuen, wenn andere kleiner und unansehnlicher sind. Diese beiden Begierden – so konstatierte Ignatius – steigern den Hochmut[9]. Man könnte auch sagen: Selig sind, die sich nicht überheben, die Mitleid haben mit den Unglücklichen, die sich für Gerechtigkeit einsetzen, die für den Frieden arbeiten, die barmherzig sind. Wir erinnern uns an den schon zitierten Text des *Examen Generale*, in dem Ignatius dem Kandidaten empfiehlt, Jesus nachzufolgen und Ehre, Ruhm und Achtung der Menschen gering zu achten.

Die höchste beschließende Versammlung des Jesuitenordens nennt sich »Generalkongregation«. Die 32. Generalkongregation der Geschichte, die 1974/75 in Rom stattfand, bezeichnete sich selbst konsequent als »der prophetische Protest gegen die Götzen, welche die Welt ständig versucht ist, anzubeten: Geld, Vergnügen, Ansehen, Macht«. Die Jesuiten sind »eine Gemeinschaft, die nicht auf Habgier gründet, sondern teilt; die nicht Privilegien der Kasten, der Rassen und der Klassen sucht, sondern die Bereitschaft und die Offenheit; die nicht herrschen und ausbeuten, sondern dienen will.«[10]

Die Seligpreisungen der Bergpredigt waren und sind ein Schlüssel der ignatianischen Exerzitien. Über die Bergpredigt wurden Kübel von Hohn und Spott ausgegossen. Viele mokieren sich über diese Botschaft und machen sie lächerlich. Für Luther war die Bergpredigt unerfüllbar, aber wenigstens ein »Bußruf«. Nach Kant war die Bergpredigt nur gesinnungsethisch zu verstehen. Für die katholische Kirche galt die Bergpredigt nur für die Vollkommenen, nicht für die Weltchristen. Man tut den Spöttern einen Gefallen, wenn man die Bergpredigt ohne Sinnzusammenhang und geschichtlichen Hintergrund und weit entfernt von ihren Wurzeln im hebräischen Denken skrupulös nach dem Buchstaben auslegt. Wie wichtig die richtige Übersetzung ist, kann man am *dativus ethicus* des Liebesgebotes sehen, auf den ich später näher eingehen werde. Das Verbot der Scheidung war nicht als eherechtliche Vorschrift im Sinne des Bürgerlichen Gesetzbuches gemeint, sondern wollte die Frauen sozial schützen. Der Satz: »Sorgt euch nicht um euer Leben, denn der himmlische Vater ernährt euch« enthält kein Verbot an die Tarifpartner, wegen Lohnerhöhung zu verhandeln. »Ihr sollt dem Übel nicht widerstreben« ist offensichtlich eine spätere Zugabe des Evangelisten. Der Satz »Richtet nicht, damit ihr nicht gerichtet werdet« fordert auf, Selbstjustiz und Faustrecht auszumerzen. Diese Interpretation ist keine Entpolitisierung der Bergpredigt, sondern im Gegenteil: eine Konkretisierung, die die Bergpredigt und die Seligpreisungen vor wohlfeilen Angriffen schützt und gleichzeitig große politische Konsequenzen nach sich zieht. Den Schlüssel zum Verständnis der Bergpredigt finden wir in der Geschichte des barmherzigen Samariters (Lk 10,25–37): *Jeder* soll zum Nächsten dessen werden, der in Not geraten ist oder dem ein Unrecht geschieht. Jesus fordert auf zu handeln.

Der Kern besteht jedoch darin, dass Jesus sagte: »Ihr habt gehört, dass gesagt worden ist, du sollst deinen Nächsten lieben und deinen Feind hassen. Ich aber sage euch: Liebt eure Feinde und betet für die, die euch verfolgen« (Mt 5,43f.).

Zwar steht im Alten Testament nirgendwo der Satz:

»Du sollst deinen Feind hassen«; dennoch war dies eine unvergleichliche moralische Innovation, eine noch nie da gewesene neue Lehre, ein Fanal, eben das Zeichen, dem, wie der greise Simeon vorausgesagt hatte, widersprochen werden sollte (Lk 2,34). Jesus stellte sich hier quer zum bisherigen menschlichen Denken und Handeln.

Keine Aussage hat die Welt so revolutioniert, war aber auch so umstritten wie die Aufforderung, den Feind zu lieben und eine neue Weltordnung zu begründen, in deren Mittelpunkt der einzelne Mensch steht. Die Würde des Menschen ist in Gott verankert (»Selig sind ...«), unabhängig von seinem sozialen und rechtlichen Stand. Nimmt man das Verhalten Jesu und seine Aussagen gegenüber Frauen, »Fremden«, Samaritern (Abtrünnigen), Armen, Kranken, Feinden (Zöllnern und Römern) und Behinderten hinzu, ergibt sich ein klares Bild des Menschen, wie Jesus ihn sieht. Dieses jesuanische Menschenbild hat eine explosive politische Bedeutung, seine öffentliche Präsentation war ein revolutionärer Akt.

Dieses Menschenbild unterscheidet sich radikal von dem, das die Philosophen des Altertums oder die im 20. Jahrhundert herrschenden Ideologien gezeichnet haben. Die Kategorisierung des Menschen nach Klasse, Rasse, Nation, Religion oder Geschlecht war die Ursache für die schlimmsten Verbrechen, die in der Menschheitsgeschichte begangen wurden.

Das Menschenbild, das Jesus vorstellte, ist vollkommen anders; es ist das genaue Gegenteil: Der Mensch hängt in seiner Würde nicht davon ab, ob er jung oder alt ist, Mann oder Frau, gesund oder krank, voll leistungsfähig oder behindert, und ebenso wenig davon, ob er Römer oder Jude, Weißer oder Schwarzer, Grieche oder Perser ist. Dieses Menschenbild setzte Jesus gegen die Herrenmoral der Römer und gegen den Erwählungsgedanken der Juden. Und es steht gegen die Diskriminierung der Frauen und der Minderheiten. Für die praktische Politik hat es eine unmittelbare und meist unbequeme Konsequenz.

Dieses Menschenbild war aktuell in der Zeit, in der Ignatius gelebt hat, es ist hochaktuell in unserer Zeit. Es ist ein großes Versprechen, das eingelöst werden muss, zum Beispiel, wenn es um das Sterben auf der Intensivstation geht oder um Organtransplantation, um den Schutz des ungeborenen Kindes, um die Durchsetzung der personalen und sozialen Menschenrechte, um die soziale Bindung einer Wettbewerbswirtschaft, um die Grenzen der Gen- und Biotechnologie und um das Zusammenleben von Deutschen und Türken, Christen und Juden, Weißen und Schwarzen, Albanern und Serben, Muslimen und Hindus. Zu diesem Menschenbild gehört die Erkenntnis, dass der Mensch ein Sozialwesen ist. Er kann ohne andere Menschen nicht leben. Wenn wir ein Kind betrachten, nehmen wir diese absolute Angewiesenheit des einen Menschen auf den anderen sofort wahr. Gegen die Versuchung zum Sozialabbau sollte die Politik die Schwachen stützen und das Zusammenleben aller fördern.

Wenn die 32. Generalkongregation der Jesuiten betont, der Auftrag des Ordens bestehe heute im Dienst am Glauben, zu dem der Einsatz für die Gerechtigkeit gehöre, dann hat sie diesem Gerechtigkeitsbegriff das Menschenbild des Evangeliums zugrunde gelegt.

Die Forderung der Nächstenliebe ist neben dem neuen Bild vom Menschen der revolutionäre Kern der evangelischen Botschaft. Das Evangelium bringt Gottes- und Nächstenliebe zusammen. Beide sind gleich wichtig und stehen in einem kausalen Zusammenhang. Die ganze Gottesliebe ist nichts wert, wenn sie nicht begleitet wird von der Nächstenliebe.

Die Spontis der 60er und 70er Jahre waren nicht nur als Hausbesetzer und Straßenkämpfer bekannt, sondern auch für ihre flotten Sprüche. In einem Bändchen solcher Sprüche mit dem Titel: »Lieber intim als in petto« steht zwischen den Sätzen: »Wer tagelang ohne Getränke auskommt, ist ein Kamel.« und »Wer nachts in einem Flussbett pennt, am Morgen nass nach Hause rennt.« plötzlich: »Wer seinen Bruder nicht liebt, den er sieht, wie kann er Gott lieben, den er nicht sieht?«.

Diese Erleuchtung stammt nicht von dem jüngeren Joschka Fischer, sondern sie steht in der Bibel: »Wenn jemand sagt, ich liebe Gott!, aber seinen Bruder hasst, ist er ein Lügner. Denn wer seinen Bruder nicht liebt, den er sieht, kann Gott nicht lieben, den er nicht sieht« (1 Joh 4,20). Man kann es auch umgekehrt sagen: Es hat keinen Sinn, sonntags in die Kirche zu gehen und fromm zu sein und sich werktags den Mund über Asylbewerber, Strafgefangene und Sozialhilfeempfänger zu zerreißen.

Die zentrale Botschaft, die Ignatius immer wieder betonte und in die Satzungen des Jesuitenordens schrieb, entspricht dieser zentralen Aussage des Evangeliums: Die Aufgabe der Jesuiten bestehe im Dienst an Gott und am Nächsten.

Wer ist der Nächste? Die Frage des Pharisäers ist gleichzeitig die Frage nach der Gerechtigkeit. Bei Mose ist der Nächste der Volks- und Glaubensgenosse einschließlich derer, die Gastrecht genießen. Meinte Jesus etwas anderes? Diese Frage interessierte einen

Pharisäer, und er fragte Jesus: Kannst du uns sagen, wer »mein Nächster« ist? Jesus packt seine Antwort in die berühmte Geschichte vom Wadi el Kelt.
Wenn man von Jerusalem nach Jericho geht, führt der Weg abwärts, durch eine tiefe Schlucht, eben das Wadi el Kelt. Jericho liegt 400 m unter dem Meer. Man muss etwa 1200 m absteigen, bevor man in Jericho ankommt. Damals bot der steile Weg das ideale Umfeld für Straßenräuber und er war der Schauplatz der Geschichte, die Jesus dem Pharisäer erzählte: Ein Mann ging von Jerusalem nach Jericho hinab und wurde von Räubern überfallen, die ihn ausplünderten, niederschlugen und halb tot liegen ließen. Ein Priester kam den Weg herab und ging weiter. Auch ein Levit kam zu der Stelle; er ließ ihn ebenfalls liegen – und jetzt kommt der entscheidende Punkt der Geschichte: Dann kam ein Mann aus Samarien – in den Augen der Juden ein Apostat, Abtrünniger, Feind, ein Abweichler. Und der versorgte den Verletzten medizinisch, brachte ihn in eine Herberge und gab dem Wirt noch Geld, um den Verwundeten zu versorgen (vgl. Lk 10,30–35).
Nun stellte Jesus dem Gesetzeslehrer die entscheidende Gegenfrage: Wer von diesen Dreien hat sich als der Nächste dessen erwiesen, der von den Räubern überfallen wurde? Der Gesetzeslehrer musste, ob er wollte oder nicht, antworten: Der, der barmherzig an ihm gehandelt hat. Ursprünglich wollte er Jesus mit dem theoretischen Problem, nach welchen Kategorien der Nächste definiert werden soll, konfrontieren. Die Nächsten im Sinne des mosaischen Gesetzes waren nämlich nur die Juden und die, welche Gastrecht genossen. Jesus aber drehte die Frage um: Wer von den Dreien erwies sich für den Überfallenen, dessen Nationalität und Hautfarbe nicht genannt wird, als der

Nächste: der Priester, der Tempeldiener oder der Samariter, der in den Augen der Juden ein Häretiker und Feind des jüdischen Volkes war?
Das heißt aber, dass wir die Nächsten sind für diejenigen, die in Not sind, selbst wenn es sich um einen »schlechten« Menschen, um einen Feind handelt. Das Liebesgebot sprengt alle nationalen, rassischen und religiösen Grenzen. Die zentrale Botschaft dieser Geschichte ist also die Pflicht zum Helfen, und zwar jedem gegenüber, der in Not ist, unabhängig von dessen Nationalität, Religion und Hautfarbe.
Die Nächstenliebe ist keine Frage von »Gefühlsduselei« oder schönen Worten, sondern sie muss, das bringt Ignatius in der »Betrachtung zur Erlangung der Liebe« klar zum Ausdruck, mehr in die Werke als in die Worte gelegt werden. Exegeten weisen darauf hin, dass im Hebräischen im Satz »Liebe deinen Nächsten« (Lev 19,18) das Objekt nicht im Akkusativ, sondern im Dativ steht, dem so genannten *Dativus ethicus*. Er bedeutet etwa: Tue dem Nächsten Liebe an, erweise ihm etwas Gutes, tue also etwas für ihn. Indem Jesus diese alttestamentliche Stelle zitierte, verlangte er eben keine platonische Liebe, sondern eine praktizierte. Und in der Endzeitrede nannte er Beispiele, wie sie auch Ignatius immer wieder erwähnte: Hungernden Essen und Dürstenden Wasser geben, Kranke pflegen, Verbrecher im Gefängnis besuchen, Fremde aufnehmen. Die Liebe ist immer konkret – und wer über andere schlecht redet, so Jesus, ist so schlimm wie ein Mörder. Denn es liegt auf der Hand, dass auch die Steigerung des Liebesgebotes »Liebet eure Feinde« im Hebräischen den *Dativus ethicus* verwendet: Tut euren Feinden etwas Gutes, seid vernünftig im Umgang mit dem Gegner. Plötzlich bekommt die zunächst unverständ-

liche Forderung einen Sinn. Jesus selber machte klar, was er meinte, indem er das Beispiel brachte: Wenn dich einer zwingt, eine Meile mit ihm zu gehen, dann geh zwei Meilen mit ihm. Ein Römer als Besatzer hatte das Recht, einen Juden zu zwingen, ihm eine Meile weit das Gepäck zu tragen. Jesus sagte nun dem Juden: Geh freiwillig eine zweite Meile mit, in der sicheren Erwartung, dass das Verhältnis zwischen Euch beiden am Ende der zweiten Meile ein anderes ist als nach der ersten. Vermutlich hielt der Römer den Juden für verrückt, aber er begann wohl mit ihm ein Gespräch, und vielleicht tranken die beiden am Ende der zweiten Meile gemeinsam ein Glas Wein.

Die 32. Generalkongregation der Jesuiten nahm die jesuanische Botschaft auf und übertrug sie in eine moderne Sprache. »Das Leben nach dem Evangelium ist ein Leben, das frei ist von jedem Egoismus, von jeder Suche nach eigenem Vorteil, wie auch von jeder Form der Ausbeutung des Nächsten. Es ist ein Leben, in dem die vollkommene Gerechtigkeit des Evangeliums aufscheint – eine Gerechtigkeit, die bereit ist, die Rechte und die Würde aller, besonders der Kleinen und Schwachen nicht bloß anzuerkennen und zu respektieren, sondern sie auch wirksam durchzusetzen, die bereit ist, sich für jedes Elend, selbst des Fremden oder des Feindes zu öffnen, bereit sogar, nicht bloß zugefügtes Unrecht zu verzeihen, sondern Feindschaft durch Versöhnung zu überwinden«.[11] Die Jesuiten nehmen noch einmal auf, was im ersten Johannesbrief steht: dass es eine wirkliche Verkündigung des Evangeliums und seiner Botschaft ohne entschlossenen Einsatz für die Gerechtigkeit nicht gibt.[12]

Schon bei der Gründung der Gesellschaft Jesu wurde die Nächstenliebe in den Vordergrund gestellt. Die apostolischen Schreiben der Päpste Paul III. (1540) und Julius III. (1550) sagen, »dass die Gesellschaft Jesu vornehmlich errichtet wurde zum Fortschritt der Seelen im Leben ... und für die Verwirklichung von Liebeswerken. ... Und sie soll sich nützlich erweisen zur Versöhnung von Abständigen und zur frommen Unterstützung und zum Dienst für die, die sich in Kerkern und Spitälern befinden und zur Ausführung der übrigen Liebeswerke.«[13]

Die ersten Jesuiten übten die Nächstenliebe von Anfang an. Vor der Gründung des Ordens wohnten sie in Rom im Haus Frangipani. Der Winter 1538/39 war schrecklich kalt, die Lebensmittel waren knapp, und Rom wurde von einer furchtbaren Not heimgesucht. Obwohl die Jesuiten selbst unter Entbehrungen litten, besorgten sie für die Kranken, Armen und Hungernden Unterkunft, Heizmaterial und Betten, so viel sie nur auftreiben konnten. Man schätzt, dass während der Notzeit mehr als 3000 Bedürftige von ihnen konkret unterstützt worden waren.

5. »Die Bewegung nach unten«

Inspiriert von Ignatius, schrieb P. Juan de Polanco, Sekretär des Ordens und rechte Hand des Gründers, im Jahre 1547 an die Jesuiten in Padua einen Brief, den die 34. Generalkongregation der Jesuiten (1995) einen »geradezu prophetischen Text« nennt:
»So groß sind die Armen vor Gottes Angesicht, dass besonders für sie Jesus Christus auf die Erde gesandt worden ist: ›Wegen des Elends der Bedürftigen und des Stöhnens der Armen will ich nun aufstehen, spricht der Herr‹ (vgl. Ps 12,6), und an anderer Stelle: ›Den Armen die frohe Botschaft zu verkündigen, hat er mich gesandt‹ (Lk 4,18). Daran erinnert Jesus Christus, als er dem heiligen Johannes antworten lässt: ›Den Armen wird die frohe Botschaft verkündet‹ (Mt 11,5). Und sie werden so sehr den Reichen vorgezogen, dass Jesus Christus jenes ganze heiligste Kollegium der Apostel aus Armen erwählen und mit ihnen leben und umgehen und sie als Fürsten seiner Kirche hinterlassen und sie als Richter über die zwölf Stämme Israels, d.h. über alle Gläubigen einsetzen wollte; und ihre Beisitzer werden die Armen sein. So erhoben ist ihr Stand. Die Freundschaft mit Armen macht sie zu Freunden des ewigen Königs«.[14]
Diese Botschaft des Evangeliums zieht sich wie ein roter Faden durch das Leben und das Wirken des Ignatius von Loyola. In einem Brief schreibt er: »Sucht die Kranken und Armen auf, die im Land ohne Zuflucht sein werden, und bemüht euch, ihnen zu helfen. Und wenn es Gefangene sind, besucht sie. Von den Reichen oder denen es im Land besser geht, sucht Hilfe

für sie zu bekommen, damit ihr den einen leiblich Gutes tut und den anderen geistlich.«

»Die Bewegung nach unten«[15] als jesuitische Richtung des Apostolats zeigt sich in bemerkenswerter Weise darin, dass sowohl im Evangelium als auch in den Briefen und Verlautbarungen der Jesuiten nicht nur von den Armen, sondern auch immer wieder von Gefangenen die Rede ist. Wiederholt rät Ignatius, sich um Gefangene zu kümmern, nicht nur im siebten Teil der Konstitutionen, sondern auch in zahlreichen Briefen an seine Mitbrüder und an einflussreiche Persönlichkeiten.[16] In der Endzeitrede nennt Jesus unter den Kriterien, nach denen die Menschen beurteilt werden sollen, ausdrücklich den Besuch von Gefangenen, heute würde man sagen: von Kriminellen (Mt 25,36). Ignatius lehnte es bis zu seinem Tode ab, innerhalb der Gesellschaft Jesu zur Bestrafung von Mitbrüdern Gefängnisse einzurichten, wie dies in anderen Orden üblich war. Er war in diesem wie in vielen anderen Punkten ein Reformer und verfocht gegen die damals herrschende Meinung Auffassungen, die uns heute selbstverständlich erscheinen.

6. Ignatius und die Juden

Ignatius war auch in der Judenfrage seiner – sogar unserer Zeit – weit voraus. P. Juan de Polanco berichtet, was Ignatius über die Juden in einer Zeit gedacht hat, in der man diesen mit vielen Vorurteilen begegnete. Für ihn zählte nur die Person, der Mensch vor Gott; die »Rasse« war ihm unwichtig. Vielmehr betrachtete er es sogar als Vorzug der Juden, Verwandte Jesu zu sein. P. Pedro de Ribadeneira schreibt: »Eines Tages waren wir mit vielen bei Tisch. Als die Rede darauf kam, sagte er, er würde es für sich als eine besondere Gnade unseres Herrn ansehen, wenn er von Juden abstammte. Er gab auch den Grund dafür an und sagte: Ist es nicht etwas einzigartiges, wenn ein Mensch dem Fleische nach ein Verwandter Christi unseres Herrn und Unserer Lieben Frau, der glorreichen Jungfrau Maria sein kann? Diese Worte sprach er mit solcher Andacht und Bewegung, dass ihm die Tränen kamen und alle Umsitzenden betroffen waren«[17].

Nach dem Holocaust, dessen Opfer die Juden Europas wurden, war die Hoffnung aufgeblüht, dass es mit der 2000-jährigen Verfolgung der Juden endgültig zu Ende sei. Dies ist leider nicht der Fall. Genährt durch die militärischen Vergeltungsschläge der Israelis bei ihrer Verteidigung gegen die palästinensischen Selbstmordattentäter, brechen Vorurteile und Hass gegen die Juden wie eine Eiterbeule wieder auf. Nach wie vor werden jüdische Friedhöfe geschändet, und antijüdische Ressentiments werden in mehr oder weniger versteckter Form wieder lebendig.

Der Antisemitismus scheint bei der Mehrheit der Europäer eine unausrottbare Geisteskrankheit zu sein, die nach Bedarf und Anlass jederzeit wieder virulent werden kann. Dies steht in direktem Zusammenhang mit der Legende, die seit 2000 Jahren von höchsten moralischen Autoritäten den Christen und Nichtchristen gepredigt wird: Die Juden, und zwar das gesamte jüdische Volk, trügen die Schuld daran, dass Jesus, der Sohn Gottes, gekreuzigt und ermordet wurde. Der Vorwurf, einen Gottesmord begangen zu haben, sollte über 20 Jahrhunderte hinweg die Hetzjagd, Drangsalierung, Kriminalisierung und letztlich die Ermordung der Juden rechtfertigen. Aber nicht das jüdische Volk, sondern die Römer tragen die Verantwortung für den Tod des Mannes aus Nazareth – wenn auch nicht ohne Zutun der Sadduzäer, einer damals führenden jüdischen Gruppe. Dies hätten Historiker und Theologen von Anfang an wissen können, wenn sie die Passionsgeschichten kritischer auf ihren Wahrheitsgehalt hin überprüft hätten. Sicher kann man feststellen, dass heute die christlichen Kirchen alles tun, um die Sünden der Vergangenheit wiedergutzumachen, und dass der weit überwiegende Teil der Bevölkerung in Deutschland und in ganz Europa die Judenmorde der Nazis nachdrücklich missbilligt. Dennoch kann man immer wieder auf der Straße hören: »Die Juden haben unseren Herrn Jesus umgebracht«. Noch im Jahre 1970 hieß es im katholischen »Oberammergauer Report«, der regelmäßig anlässlich der Oberammergauer Passionsfestspiele herauskommt: »Genauso wie wir nicht wegleugnen, dass Hitler Millionen von Juden vernichtete, genauso wenig können die Juden wegleugnen, dass sie Christus ans Kreuz genagelt haben«. Was würde Jesus, der als Jude geboren und als Jude gestorben ist, zu dieser fürchterlichen Tragödie sagen?

Ich glaube, dass ihn wenig mehr entsetzen würde als das, was in seinem Namen den Juden von den Christen angetan worden ist. Denn auch Auschwitz ist ohne die judenfeindliche Tradition der Kirchen und der Christen nicht erklärbar. Die religiös begründete Verteufelung der Juden war die psychologische Grundlage, teilweise sogar die ausdrückliche Rechtfertigung der rassistischen Vernichtungsmaschinerie der Nazis. Ignatius' Einstellung den Juden gegenüber ist ein nicht unwichtiges Beispiel dafür, dass er zu den großen Männern der Kirche gehört, zumal er diese Auffassung gegen heftigen Widerstand zum Beispiel des Primas von Spanien, des Kardinal-Erzbischofs von Toledo, durchsetzen musste und die ganze Tradition der Kirchenväter gegen ihn stand. Aus derselben Zeit wie das obige Zitat des Ignatius über die Juden stammt eine Bulle von Papst Paul IV., dem vehementen Gegner der Jesuiten, in der vorgeschrieben wurde, dass die Juden ein besonderes Kennzeichen tragen müssten. Dies war nicht die erste Aktion Judenstern, die von den christlichen Kirchen ausging. Die Protestanten, vor allem Martin Luther, waren in ihrer verbalen und sonstigen Auseinandersetzung mit den Juden um keinen Deut besser. Dies ist kein Wunder, wenn man zur Kenntnis nimmt, wie die Kirchenväter über die Juden geredet hatten. Insbesondere Augustinus, der Bischof von Hippo, beeinflusste wie kein anderer die Spiritualität der Kirche, brandmarkte jedoch gleichzeitig die Juden als »aufgerührten Schmutz, triefäugige Schar, zu Essig ausgearteten Wein der Propheten«. Er begründete diese Ausgrenzung der Juden, die letztendlich beim Judenstern endete, damit, dass sie den Bund des Neuen Testaments ablehnten. Ihre heimatlose Zerstreuung sei gottgewollte, heilsgeschichtliche Notwendigkeit.

Wenn man sich vor Augen führt, dass die Augustiner zur Zeit des Ignatius von Loyola zusammen mit den Dominikanern eine beherrschende Rolle in der Theologie spielten und viele Kardinäle und Päpste aus ihren Reihen kamen, wird umso klarer, wie weitsichtig und »evangelisch« im wahrsten Sinne des Wortes Ignatius war. Jesus war Jude, Maria war Jüdin und im Todeskampf bot Jesus – der eigentlichen Botschaft der Nächstenliebe treu bleibend – vorausschauend die Versöhnung an: »Vater, vergib ihnen, denn sie wissen nicht, was sie tun« (Lk 23,34).

Warum hätte er von dieser Vergebung auch ausgerechnet seine Landsleute ausschließen sollen, die in ihrer großen Mehrheit auf seiner Seite standen, die ihn auf dem Kreuzweg begleiteten, mit ihm das Kreuz trugen und ihm – »vor allem die jüdischen Frauen« – unter dem Kreuz die Treue hielten? Der große jüdische Bibelforscher Pinchas Lapide schrieb: »Das Christentum ist die einzige Weltreligion, deren Stiftergestalt zeitlebens einer anderen Religion angehört hat«. Inzwischen, so fügte er hinzu, würden wieder viele jüdische Schriftsteller und Literaten über Jesus schreiben. Sie wollten Jesus heimholen – »aber er war nie fort gegangen«. Ignatius von Loyola sagte, nur mit anderen Worten, bereits 400 Jahre früher dasselbe.

7. Die Jesuiten und die Gerechtigkeit

Für Ignatius äußert sich die Nächstenliebe nicht nur in der richtigen Idee, sondern auch im konsequenten Handeln. Die Forderung der Nächstenliebe kann unmöglich nur auf die Beziehungen von zwei Menschen gemünzt sein. Wenn ich anderen helfen will, die in Not geraten sind, müssen unter Umständen die gesellschaftlichen Strukturen verändert werden. Nächstenliebe bedeutet in einer modernen Industriegesellschaft nicht mehr allein Lazarette und Suppenküchen, sondern gerechte Strukturen. Es gibt Zustände von Ungerechtigkeit, Machtmissbrauch, Unterdrückung und Entmenschlichung, die der Nächstenliebe diametral widersprechen und nur durch Politik verändert werden können.

Die 32. und die 34. Generalkongregation der Jesuiten sehen in der Gerechtigkeit das wichtigste ethische Postulat der heutigen Zeit. In ihrer Geschichte waren die Jesuiten immer Gegner einer sich gegen die Menschen richtenden absoluten Gesetzesgerechtigkeit, genauso wie Jesus einen fast täglichen Kampf gegen den Legalismus der Pharisäer und Sadduzäer führte, der sich gegen die Menschen und ihre Würde und Freiheit richtete. Im 17. Jahrhundert warf man den Jesuiten »Probabilismus« – eine sich billig anpassende, laxe Moral – vor; es war aber nur eine Auslegung der Gesetze, die zugunsten der Menschen sprach. *In dubio pro reo* (»im Zweifel für den Angeklagten«), so heißt ein altes Strafrechtsprinzip, das Ähnliches sagen will.

Die 34. Generalkongregation beschreibt die »Kultur des Todes« der heutigen Zeit. Es ist die Kultur auch des christlichen Fundamentalismus: Verfolgung Andersdenkender, Krieg zur Durchsetzung von Machtinteressen, Gewaltanwendung, Isolierhaft für Gefangene und Todesstrafe sind Ausgeburten derselben Mentalität, die früher zu Ketzerbekämpfung, Inquisition, Judenpogromen und Hexenverbrennungen führte. Jesus setzte als seine Methode die Überzeugung durch Wort und Tat dagegen; sie wurde ausdrücklich zur jesuitischen Methode.

8. Ein Reich für diese Welt

Aber hat Jesus nicht gesagt: Mein Reich ist nicht von dieser Welt? Auch dies ist, wie vieles andere, eine falsche Übersetzung, die weitreichende Folgen hatte. Alle Entpolitisierer des Christentums – Luther voran – berufen sich auf diesen Satz und propagieren die Lehre der zwei voneinander getrennten Reiche, einem himmlischen und einem irdischen, welches mit dem himmlischen nichts zu tun hat. Vom hebräischen Ursprung her gedeutet, bedeutet dieser Satz jedoch genau das Gegenteil: »Mein Königtum ist himmlischen Ursprungs und göttlicher Herkunft« – die klarste Antithese zu den im römischen Kaiserreich herrschenden selbst ernannten menschlichen Göttern und eine mit Sprengstoff geladene Botschaft in den Ohren nicht nur der Römer und der mit ihnen verbündeten Sadduzäer, sondern auch und bis heute aller Gewaltherrscher und Diktatoren dieser Erde. Jesus wehrte sich gegen Unrecht und mischte sich in die bestehenden Machtverhältnisse immer wieder ein. Er stellte die damals gültigen Werte und Maßstäbe auf den Kopf.
Deshalb muss diese Botschaft in Konflikt mit der jeweils bestehenden Welt geraten – auch mit der heutigen Welt des Kapitalismus, in der Erfolg, Dividende, Konsum, Rang und Titel die einzigen Leitbilder geworden sind, einer Welt mit globaler Armut, millionenfacher Vertreibung und der Zerstörung der Schöpfung.
Jesu Botschaft ist eben nicht das »Eia-Popeia« oder das Opium für das Volk, wie Heine und Marx das nannten. Über Jahrhunderte hinweg wurde das Evangelium

immer wieder missbraucht: als Opium für die Menschen, denen es schlecht ging, die unterdrückt oder arm waren und denen dann von den Herrschenden mit theologischer Rückendeckung gesagt wurde: Regt euch doch nicht auf! Das Leben ist ohnehin kurz! Im Himmel wird es euch besser gehen, da kommt ihr alle hin. Das Evangelium wurde sozusagen zum Beruhigungsmittel, damit die Diskriminierten, Armen und Elenden sich nicht gegen das Unrecht wehrten und keine Revolutionen anzettelten.

Es gehört zur großen Tradition der Jesuiten, daran mitzuarbeiten, die politischen Strukturen zu verändern, damit den Menschen geholfen werden kann. Die Indianerreservate, die die Jesuiten in Lateinamerika im 17. Jahrhundert geschaffen hatten, dienten vor allem dazu, die einheimische Bevölkerung vor den Übergriffen der christlichen Kolonialmächte zu schützen. Deshalb ergriffen die Spanier und die Portugiesen die Initiative, den Jesuitenorden verbieten zu lassen, was ihnen schließlich 1773 gelang. Ohne den Beitrag des Jesuitenordens, der 1814 wiedergegründet wurde, ist auch die wirtschaftliche und soziale Entwicklung der Nachkriegszeit in Deutschland nicht denkbar. Die soziale Marktwirtschaft, die nach meiner Überzeugung erfolgreichste Wirtschafts- und Sozialphilosophie der Weltgeschichte, entstand aus einem Bündnis der Freiburger Schule, des Ordoliberalismus – nicht zu verwechseln mit dem Neoliberalismus – und vor allem der katholischen Soziallehre, die von Jesuiten wie P. Johannes Hirschmann und P. Oswald von Nell-Breuning geprägt wurde.

Wenn die Botschaft des Evangeliums auch als Modell der Zukunft erkannt und akzeptiert werden soll, muss die Kirche und mit ihr an vorderster Stelle die Gesellschaft Jesu zwei Projekte in Angriff nehmen, die schon von der 34. Generalkongregation hervorgehoben wurden: die Rolle der Frau in Gesellschaft und Kirche; der Aufbau einer weltweiten Ordnung echter Solidarität.

9. Die Rolle der Frau in Gesellschaft und Kirche

Ein Haupthindernis für die heutige Akzeptanz der katholischen Kirche ist ihre offizielle Haltung zu den Frauen. Die 34. Generalkongregation der Jesuiten[18] bekennt: »Wir wissen darum, welcher Schaden dem Volk Gottes in einigen Kulturen zugefügt wird durch die Entfremdung von Frauen, die sich nicht mehr in der Kirche zu Hause fühlen und die die katholischen Werte nicht mehr mit Überzeugung an ihre Familien, Freunde und Kollegen weitergeben können«. Die Jesuiten bekennen, dass sie selber Teil waren »einer bürgerlichen und kirchlichen Tradition, die sich an den Frauen versündigt hat«. Sie kritisieren den »Klerikalismus ..., der die männliche Vorherrschaft mit angeblich göttlicher Sanktion verstärkt hat«.

Dies ist eine vornehme Umschreibung der Entmündigung, die den Frauen durch die jüdisch-christliche Tradition widerfuhr. Nun werden in aller Welt Frauen brutal diskriminiert. In vielen Staaten ist sexuelle Folter, Vergewaltigung, Verstümmelung und Verstoßung üblich. Die frauenspezifische Verfolgung, die Deklassierung und Demütigung, die Verachtung und Unterdrückung ist in zahlreichen Ländern der Welt rechtlich sanktioniert. Der Universalitätsanspruch der Menschenrechte von Frauen richtet sich nicht zuletzt an die Adresse der Weltreligionen. Diese müssen sich schwere Vorwürfe gefallen lassen, weil sie in weitem Umfang geistige Miturheber des geschlechts- und frauenfeindlichen Klimas sind.

Ausgangspunkt der Diskriminierung im Christentum

ist die Aussage, Eva sei aus der Rippe Adams geschaffen worden. Außerdem sei Eva den Einflüsterungen der Schlange erlegen und habe den unschuldigen Adam dazu verführt, vom Baum der Erkenntnis zu essen. Jesus Sirach, einer der Weisheitslehrer des Alten Testamentes, prägte einen Satz, der eine unheilvolle Wirkung in der späteren Kirchengeschichte haben sollte: »Von einer Frau nahm die Sünde ihren Anfang; ihretwegen müssen wir alle sterben« (Sir 25,24).
Unbeantwortet bleibt dabei die Frage, warum nach Gottes Ratschluss ausgerechnet die Frau für die Untat verantwortlich gewesen sein soll. Jedenfalls wurde durch diese schicksalhafte Kriminalisierung die Frau zur *Ianua diaboli*, zur Einfallspforte des Teufels, durch die der Mann in die Sündenfalle tappt. Selbst ein so großer Denker wie Albertus Magnus verstieg sich zu der Aussage, die Frau sei ein missglückter Mann und habe im Vergleich zum Mann eine defekte und fehlerhafte Natur. Es gibt weibliche Lichtgestalten in der Kirchengeschichte wie Hildegard von Bingen, Elisabeth von Thüringen, Teresa von Avila, Mutter Theresa von Kalkutta. Aber sie fallen in der Allerheiligenlitanei meist unter die Rubrik »Jungfrauen und Witwen«. Ehefrauen und Mütter wurden in der Kirche nur ganz selten heiliggesprochen.
Es gehört zu den großen Gotteslästerungen der Religionsgeschichte, dass die Religionen Gott zur Begründung der Diskriminierung missbrauchten. Jesus aber war ein Freund und Anwalt der Frauen. Jesus hatte nicht nur Jüngerinnen, so wie er Jünger hatte, sondern die Evangelien schildern auch sein durchgehend frauenfreundliches und fast revolutionär positives Verhalten den Frauen gegenüber. Er half ihnen oft und vertrat die Gleichberechtigung von Frauen und Män-

nern. Jesus kannte die Erniedrigung, Armut, Abhängigkeit und Not der Frauen in der patriarchalischen Gesellschaft, die Sorgen in Ehe und Haushalt, die Hilf- und Wehrlosigkeit von Frauen als Opfer einer Scheidung und ihre Situation als Witwen. Ihr Elend als Prostituierte und ihre Verzweiflung als beschuldigte Ehebrecherinnen waren vielfach Gegenstand seines Mitgefühls und seiner Parteinahme. Für ihn war die Ehe Partnerschaft zwischen Gleichgestellten. Er wollte die patriarchalische Struktur der jüdischen Ehe ändern. Einer der Hauptvorwürfe der Pharisäer und der Schriftgelehrten gegenüber Jesus war, dass er sich mit Frauen, auch mit so genannten Sünderinnen, an einen Tisch setzte und sie als Töchter Abrahams und damit als gleichberechtigt anerkannte.

Die Geschichte der Frau im Christentum ist ein Konglomerat aus philosophisch-theologischen Irrtümern, Machtmissbrauch und Dummheit der Männer, aber auch aus Mythen und Zauberglauben, aus Anbetung *und* Verdammung, aus Idealisierung *und* Verteufelung. Eine besondere Rolle spielte dabei das Verhältnis zum Körper und zur Sexualität, deren Herabsetzung das unselige Erbe einer Irrlehre sind, nämlich der Gnosis, mit der sich schon der Rabbi und Theologe Paulus herumschlug. Diese Lehre spaltete den Menschen in einen guten und einen schlechten Teil: in den Geist und den Körper. Dem Evangelium ist diese Vorstellung jedoch fremd. »Am Anfang der Schöpfung schuf Gott den Menschen als Mann und Frau«, sagte Jesus. »Darum wird der Mann Vater und Mutter verlassen und die zwei werden ein Fleisch sein. Sie sind also nicht mehr zwei, sondern eins« (Mt 19,6).

Johannes Paul II. wollte in seinen Ansprachen über die Theologie des Leibes, die er von 1979 bis 1984 gehalten hat, den Dualismus der Gnosis, der die Moraltheologie so lange beherrscht hatte, überwinden: »Die Tatsache, dass die Theologie auch den Leib mit einbezieht, darf niemanden, der vom Geheimnis und der Wirklichkeit der Inkarnation weiß, verwundern oder überraschen. Dadurch, dass das Wort Gottes Fleisch geworden ist, ist der Leib ... wie durch das Hauptportal in die Theologie eingetreten.«

Leider wurde in vielen kirchlichen Äußerungen die alte kirchliche Sexualethik beibehalten. Körper und Sexualität werden zwar nicht mehr mit dem Bösen identifiziert, aber die sexuelle Lust verdampft sozusagen in der Theologisierung des Geschlechtsaktes. Der Dualismus wird zwar verdrängt, die körperliche Liebe aber vergeistigt und in Höhen geführt, die niemand nachvollziehen kann.

In dem erwähnten Text der 34. Generalkongregation hoffen die Jesuiten auf eine Sensibilisierung der Kirche, die sich auf Lehre und Praxis auswirken soll. Sie sprechen darin von der Notwendigkeit, in der Spannung zu leben, die damit gegeben sei, dass man treu zur Lehre der Kirche halte und doch gleichzeitig sich bemühe, die Zeichen der Zeit sorgfältig zu erkennen. Das ist eine elegante Umschreibung für die paradoxe Situation: auf der einen Seite die Verpflichtung zum Gehorsam gegenüber dem Papst und zur geltenden kirchlichen Lehre, auf der anderen Seite die moralische Verpflichtung, den Frauen gegenüber Gerechtigkeit zu üben, die darin besteht, die geschlechtliche wie jede andere Diskriminierung zu bekämpfen. Man kann ein solches moralisches Paradox nur dadurch auflösen, dass man den *Status quo* verändert, der die Grundlage für das Paradox ist. Den Gehorsam gegenüber der Kirche werden die Jesuiten nicht ändern wollen, also muss die Lehre der Kirche verändert werden, die ja nicht göttliche Lehre ist und kein Fundament im Evangelium besitzt. Man wird dies wahrscheinlich nur durch eine überzeugende Weiterentwicklung der Theologie erreichen können, an der die Jesuiten mitarbeiten sollten.

10. Der Aufbau einer weltweiten Ordnung echter Solidarität

Die 34. Generalkongregation beschreibt die Folgen der Globalisierung: Die weltweite Vernetzung der Wirtschaft und der Gesellschaft schreitet in raschem Tempo voran, unterstützt durch neue Entwicklungen im Bereich der Technologie, der Kommunikation und des Handels. Diese Entwicklung hat viele positive Aspekte, führt aber auch zu Ungerechtigkeit im großen Maßstab: wirtschaftliche Anpassungsprogramme und Marktstrategien, die ohne Rücksicht auf ihre sozialen Auswirkungen, insbesondere für die Armen, verfolgt werden; eine gleichmacherische »Modernisierung« von Kulturen, die die Zerstörung von traditionellen Kulturen und Werten in Kauf nimmt; ein wachsendes Gefälle innerhalb der Gemeinschaft der Nationen, aber auch innerstaatlich zwischen Arm und Reich, zwischen den Mächtigen und den Randgruppen der Gesellschaft. Die Kongregation schreibt: »Im Namen der Gerechtigkeit müssen wir all dem entgegentreten, indem wir uns für den Aufbau einer weltweiten Ordnung echter Solidarität einsetzen.«[19]

Ein paar Zeilen weiter fordern die Jesuiten, statt einer Kultur des Todes die Kultur des Lebens zu fördern, wozu der Einsatz für eine Umleitung der in Krieg und internationalen Waffenhandel fließenden Gelder in den Bereich der Vorsorge für die Armen genauso gehöre wie die Schaffung von Möglichkeiten, ein sinnvolles, verbindliches und verantwortliches Leben anstelle von Gesetzlosigkeit und Verzweiflung zu führen.

Wie kann dies geschehen? Welche Regeln müssen erarbeitet werden, welche Institutionen geschaffen? Die Analyse der 34. Generalkongregation ist richtig und wird nicht nur von vielen Wissenschaftlern, sondern vor allem von den ökonomischen und sozialen Daten bestätigt. Benjamin Barber, Professor für Politikwissenschaft an der University of Maryland (USA), früher Wirtschaftsberater von Bill Clinton, nennt die globalisierte Ökonomie eine Welt der Anarchie, »eine Welt ohne Regeln, ohne Gesetz, ohne soziale Übereinkünfte, eine Welt, in der Unternehmen, Finanzinstitute und der ganze ›private Sektor‹ völlig unreguliert agieren können, aber auch eine Welt, in der Terroristen, Kriminelle und Drogendealer frei und ungebunden arbeiten.« In rechtsstaatlichen Verhältnissen, so Barber, wäre dies unmöglich, aber es spiegele exakt »die Anarchie der globalen Ordnung, die eigentlich eine Unordnung ist, wider«. Aristoteles definierte die Politik als das Bemühen, das geordnete Zusammenleben der Menschen zu ermöglichen. So gesehen, scheinen wir weltökonomisch vor der Kapitulation der Politik zu stehen. Die entscheidende Frage ist also die nach der richtigen Ordnung.

Die Perspektive der Nationalökonomie ist veraltet, an ihre Stelle ist die globale Ökonomie getreten. Ein Zeichen der sozialen Marktwirtschaft war nicht nur Wohlstand für alle, sondern vor allem der geordnete Wettbewerb. In dem Moment, wo die Wirtschaft sich globalisiert, entzieht sie sich aber dieser Ordnungsfunktion, die vom Staat garantiert werden muss. Die Ökonomie beginnt zu vagabundieren, und plötzlich gelten Werte als absolut, die vorher ethisch relativ und in das Allgemeinwohl eingeordnet waren: die Dividende am Ende des Jahres, der Börsenwert eines Unternehmens, der Aktienkurs. Der Begriff »Shareholder Value« steht für diese Philosophie, die global an die Stelle der sozialen Marktwirtschaft getreten ist und zum Teil unfassliche Auswirkungen hat, verbunden mit einer Überfrachtung der Bedeutung des Kapitals, das als allein maßgeblich für die Entwicklung der Weltwirtschaft angesehen wird. 225 Menschen dieser Erde haben zusammen ein Vermögen von einer Billion Dollar – genauso viel wie das jährliche Einkommen von drei Milliarden Menschen, der Hälfte der Menschheit. Gleichzeitig leben auf der Erde eine Milliarde Menschen, die pro Tag weniger als den Gegenwert eines Dollars zum Leben haben. Zwei Milliarden Menschen haben kein Dach über dem Kopf, kein sauberes Trinkwasser und keine regelmäßige ärztliche Versorgung. Viele haben geglaubt, dass die Armut geringer würde, wenn das Kapital in die letzten Winkel der Erde vordringt und die Welt zu einem globalen Shoppingcenter mutiert, so dass man in Manila dieselben Waren wie in Frankfurt am Main kaufen kann. Aber das Gegenteil ist der Fall.

Nach Auffassung des Neoliberalismus, der viele Köpfe der Regierungen, der Parlamente und der Wirtschaftsredaktionen der westlichen Welt beherrscht und ihren Verstand benebelt, ist Armut immer selbst verschuldet und die Folge von Faulheit und Dummheit. In Wirklichkeit sind Armut und Hunger von Menschen gemacht und die Folge verantwortungsloser Politik, z.B. der Subventionierung einheimischer Produkte wie Baumwolle, Zucker, Textil- und Lederwaren durch die USA und die EU, so dass entsprechende Produkte aus den Entwicklungs- und Armutsländern auf dem Weltmarkt keine Chance haben.

Der Kongo ist eines der an Bodenschätzen reichsten

Länder der Welt. Die Ausbeutung dieser Schätze kommt der Bevölkerung nicht zugute, genauso wenig wie die Erlöse für das Öl, das seit zehn Jahren in der Mitte des Sudan gefördert wird. Alles Geld fließt in die Taschen der jeweiligen Machthaber und in die der westlichen Konzerne, die die Rohstoffe verarbeiten.

Durch eine gezielte Spekulation westlichen Großkapitals gegen die thailändische Währung Bath, eingeleitet durch New Yorker Großbanken, u.a. der Investmentbank Goldman Sachs, kam es 1997 im Dominoeffekt zum Zusammenbruch der Währungen der wichtigsten ostasiatischen Aufsteigerländer und zum bisher größten Desaster der Finanzgeschichte. Der Kapitalmarkt brach zusammen, und die inländischen Firmen wurden billig von westlichen Großkonzernen aufgekauft. Der Internationale Währungsfonds (IWF) wurde von der US-Regierung mit stillschweigender Billigung der Europäer und der Japaner in den zentralen Schuldeneintreiber der westlichen Großbanken und Anleger umgewandelt und verhinderte mit seinen Instrumenten die Liberalisierung, Deregulierung und Privatisierung und eine rasche erfolgreiche Sanierung der betroffenen Staaten.

In Nicaragua setzten die Markttechnokraten des Internationalen Währungsfonds die Entlassung von über 200.000 Angestellten und Arbeitern im öffentlichen Dienst und in den staatseigenen Unternehmen durch. Das gesamte Alphabetisierungsprogramm dieses Landes kam zum Stillstand. Stattdessen schufen die neuen Machthaber unter Anleitung der Weltbank die berüchtigten *Zonas francas*, d.h. Sonderwirtschaftszonen, in denen z.B. die internationale Textilindustrie steuerfrei und hinter Stacheldrahtzäunen abgeschottet Jeans und T-Shirts für den amerikanischen und europäischen Markt für Hungerlöhne von unter 50 US-Cent pro Stunde produzieren lässt. Inzwischen gibt es auf der Welt über 900 Zonen dieser Art, von Mexiko bis Bangladesch. Es sind Orte, an denen es weder Arbeitsrechte noch Gewerkschaften gibt. Eine der Näherinnen in Nicaragua sagte dem »Spiegel«, die Arbeiter und Arbeiterinnen würden gehalten wie Sklaven.

Jesus schilderte einen »Knecht«, heutzutage wohl ein Manager, der vom »Gutsbesitzer« eingesetzt worden war, um den Arbeitskräften rechtzeitig das Essen zu besorgen. Stattdessen verprügelte er die Arbeiterinnen und Arbeiter und versoff das Geld (Lk 12,42–46). Gegen die armen Länder betrieb der IWF genau diese Politik, zugunsten der Reichen. Im Gegensatz zum Evangelium, in dem der Knecht bei der Rückkehr des Gutsherrn »in Stücke gehauen« wurde, ermutigten die Industrieländer die Direktoren des IWF geradezu, diese kriminelle Politik fortzusetzen. Millionen von Menschen haben durch diese Manipulationen der reichen Länder ihr Vermögen und ihre Existenzgrundlage verloren.

Die Frage ist, warum die Kirchen den fälligen Protest gegen diese brutale Form des Spätkapitalismus weitgehend Organisationen wie Attac oder Amnesty International überlassen und sich nicht selber deutlicher an die Spitze des Protestes setzen. Jesus hat nicht nur die Tische im Tempel umgeworfen. Er sagte: »Gebt acht, hütet euch vor jeder Art der Habgier. Denn der Sinn des Lebens besteht nicht darin, dass ein Mensch aufgrund seines großen Vermögens im Überfluss lebt« (Lk 12,15). Jesus nannte die Menschen, deren Gier nach Geld ihre Hirne zerfrisst, Narren, also Dummköpfe.

Dieses harte Urteil trifft nicht nur die Ölscheichs im Nahen Osten, sondern auch die politisch Verantwortlichen der reichen Industrieländer, die über das Ausmaß der Armut genau Bescheid wissen und dennoch weitermachen, als ob alles in Ordnung wäre. Von den 6,2 Milliarden Menschen auf der Welt leben 4,6 Milliarden in den Entwicklungsländern. Davon sind rund eine Milliarde Analphabeten und davon wiederum 80 %, also 800 Millionen, Frauen. Jährlich sterben 11 Millionen Kinder unter fünf Jahren, das sind etwa 30.000 pro Tag, weil sie nicht genügend zu essen haben oder weil ihnen notwendige Medikamente nicht zur Verfügung stehen. Ein Drittel der Erdbevölkerung muss von weniger als zwei Dollar täglich leben. Diese Menschen haben weniger zum Leben als manche Bewohner der reichen Industrieländer für Hundefutter ausgeben. Aber arm sein heißt nicht nur, wenig Geld und nichts zu essen haben. Armut bedeutet auch oft, krank zu sein ohne Aussicht auf Heilung, unwissend zu sein ohne Chance auf Fortbildung, sich erniedrigen zu müssen oder gar töten zu müssen, um leben zu können. Mehr als 300.000 Mädchen und Jungen in vierzig Ländern kämpfen als Kindersoldaten. Die Bilanz ist trostlos und eine absolute Schande für die nördlichen Industrieländer, vor allem für die Vereinigten Staaten und Europa, deren Bewohner als größtes Gesundheitsproblem haben, dass sie zu viel essen.

Dürfen sich Kapitalisten Christen nennen? Natürlich dürfen sie das; aber ob sie Christen *sind*, hängt wie bei allen anderen Glaubensschwestern und -brüdern nicht davon ab, ob sie getauft sind. Wer bei Firmenzusammenschlüssen die Synergieeffekte nutzt, um die Kapitalrendite und die Dividenden zu erhöhen, aber gleichzeitig Arbeitsplätze abbaut und die wirtschaftliche Existenz von Menschen vernichtet, muss mit einiger Wahrscheinlichkeit den heiligen Zorn fürchten, zu dem Jesus fähig war, wenn er mit Ungerechtigkeit konfrontiert wurde. Auch von Ignatius wird berichtet, dass ihn Unrecht wütend machte[20].

Jesus sah klar, dass die Argumente für das Umdenken, das er verlangte, am meisten durch einen – so würden wir heute sagen – einseitigen Materialismus gefährdet sind. Er umschrieb das mit dem Bild, dass seine Worte bei den Reichen in die Dornen fallen: »Sie hören sie zwar, aber die Interessen der Welt, der trügerische Reichtum und die Gier nach Geld machen sich breit und ersticken sie« (Mk 4,19).

Die Jesuiten legen das Gelübde der Armut ab und geben vorher ihr Geld und ihren Besitz weg. Das ist nicht jedermanns Sache. »Wer es fassen kann, der fasse es«, sagte Jesus. Diese absolute Armut ist nicht die politische Botschaft des Evangeliums, aber sie ist ein Signal dafür, dass es noch Werte jenseits von Angebot und Nachfrage gibt. Der moderne Kapitalismus kennt diese Werte nicht. Er verabsolutiert die Interessen des Kapitals. Der Mensch spielt nur noch eine untergeordnete Rolle. Das Spannungsverhältnis zwischen menschlicher Arbeit und dem Einsatz des Kapitals haben die Kommunisten dadurch zu lösen versucht, dass sie das Kapital eliminierten und die Kapitaleigner liquidierten. Daran sind sie bekanntlich gescheitert. Heute eliminiert das Kapital die Arbeit und liquidiert die Menschen an ihren Arbeitsplätzen. Der Kapitalismus ist genauso falsch wie der Kommunismus.

11. Die neue Idee

Für das Schicksal der Menschen auf dieser Erde wird entscheidend sein, ob es gelingt, eine gerechte Weltwirtschafts- und Weltfriedensordnung durchzusetzen. Die kapitalistische Wirtschaftsordnung hat versagt und produziert immer neues Unrecht. Jesus hat das Geld, den Mammon, nicht abgeschafft. Er selber und seine Freundinnen und Freunde hatten eine Kasse, die von Judas verwaltet wurde. Ordentliches Essen und Trinken gehörten zu seinem Leben. Fast jede zweite Geschichte berichtet von Mittag- und Abendessen und großen Volksspeisungen.

Aber Jesus hat das Geld entwertet und ihm die Funktion zugeordnet, die es in der modernen Ökonomie haben sollte: Es hat den Menschen zu dienen und nicht die Menschen zu beherrschen.

Für den Entwurf einer neuen Weltordnung, vor allem in der Wirtschafts- und Sozialpolitik, ist ein Beitrag der Kirchen unverzichtbar. Die soziale Marktwirtschaft hätte ohne die Ideen der katholischen Soziallehre keine Chancen gehabt. Die internationale soziale Marktwirtschaft ist gedanklich noch nicht ausreichend konzipiert. Sie kann nicht ein bisschen mehr Entwicklungshilfe bedeuten, denn das allein kann die Sache nicht retten. Wir brauchen das, was die 34. Generalkongregation der Jesuiten verlangt: gerechte Strukturen auf dieser Erde. Dazu gehört – vor allem in der internationalen Diskussion, aber auch in den bilateralen und multilateralen Vereinbarungen – eine Relativierung der Finanzwirtschaft und eine Zähmung des vergötzten Kapitals.

Wie wird es weitergehen? Über drei Milliarden Frauen werden eines Tages ihre religiösen Ketten zerbrechen, vor allem dann, wenn eine Internationale der Frauen entsteht, was die großen Frauenverbände in Amerika und Europa fordern. Wo stehen dann die Kirchen, wo die Gesellschaft Jesu?
Die katholische Kirche ist die größte religiöse Gemeinschaft der Welt. Sie ist in allen fünf Kontinenten mit einer großen Zahl von Gläubigen vertreten. Sie ist der größte *Global player.* Sie hätte wie keine andere die Möglichkeit, ihren Beitrag zur revolutionären Veränderung der Welt zu leisten. Ob sie dazu in der Lage ist, hängt nicht zuletzt von der geistigen und moralischen Kraft der Jesuiten ab.

Anmerkungen

[1] Ignatius von Loyola, Briefe und Unterweisungen, übers. v. P. Knauer, Würzburg 1993, 99f.

[2] Cándido de Dalmases, Ignatius von Loyola. Versuch einer Gesamtbiographie des Gründers des Jesuitenordens, München u.a. 1989, 159ff.

[3] Ebd. 169.

[4] Ebd. 113.

[5] Ignatius von Loyola, Gründungstexte der Gesellschaft Jesu, übers. v. P. Knauer, Würzburg 1998. Dieser Band enthält alle wichtigen Dokumente aus der Anfangszeit des Jesuitenordens. Das Exerzitienbuch (»Geistliche Übungen«, S. 92ff.) ist auch in mehreren Einzelausgaben erhältlich.

[6] Zit. nach Günter Switek, Die Eigenart der Gesellschaft Jesu ..., in: Sievernich/Switek (Hgg.), Ignatianisch. Eigenart und Methode der Gesellschaft Jesu, Freiburg 1990, 228.

[7] Briefe und Unterweisungen (vgl. Anm. 1), 184ff.

[8] Stefan Kiechle, Ignatius von Loyola – Meister der Spiritualität, Freiburg ²2003, 53.

[9] Erhard Kunz, »Bewegt von Gottes Liebe«, in: Sievernich/Switek (vgl. Anm. 6), 88f.

[10] Dekrete der 31. bis 34. Generalkongregation der Gesellschaft Jesu, hg. von der Provinzialskonferenz der Zentraleuropäischen Assistenz, als MS gedruckt, München 1997.

[11] Ebd. 32. GK, Dekret 4,18.

[12] Ebd. 4,27.

[13] Gründungstexte (vgl. Anm. 5), 304.

[14] Briefe und Unterweisungen (vgl. Anm. 1), 186.

[15] Stefan Kiechle (vgl. Anm. 8), 170.

[16] Antonio Beristain, Jesuiten und Dienst an Gefangenen, in: Sievernich/Switek (vgl. Anm. 6), 408.

[17] Dalmases (vgl. Anm. 2), 149.

[18] 34. GK (vgl. Anm. 10), Dekret 8,8f.

[19] Ebd. 3,7.

[20] So Stefan Kiechle (vgl. Anm. 8), 66.

In der Reihe **Ignatianische Impulse** sind bisher erschienen:

Willi Lambert
Das siebenfache Ja
Exerzitien – ein Weg zum Leben
ISBN 3-429-02534-6

Stefan Kiechle
Sich entscheiden
ISBN 3-429-02535-4

Piet van Breemen
Alt werden als geistlicher Weg
ISBN 3-429-02533-8

Heiner Geißler
Glaube und Gerechtigkeit
ISBN 3-429-02603-2

Cordula und Ottmar Leidner
Weil ich mit dir wachsen möchte
Herausforderung Ehe
ISBN 3-429-02602-4

Klaus Mertes
Verantwortung lernen
Schule im Geist der Exerzitien
ISBN 3-429-02537-0